Bellovesus in Gallia

Laura Shaw, illustrated by Chloe Shaw

ISBN: 1-7934-6243-7
ISBN-13: 9781793462435

DEDICATION

to my husband for his inspiration and editing advice

to Chloe for bringing the characters to life

to Teagan for help with coloring

to Sammy for his interest and enthusiasm

CONTENTS

ACKNOWLEDGMENTS

A great thanks to all the teachers across the country who are producing these Latin readers. My students and I have been inspired by you. I also would like to acknowledge *The Ancient Celts* by Barry Cunliffe and *Caesar in Gaul: A War in Words* by Andrew Riggsby for the wealth of information that made this story possible.

Bellovesus in Gallia

1 EPISTULA A FABIA ET AD FABIAM

Bellovesus tantum unam epistulam a Fabia, quae iam diu Romae habitabat, habuit.

Fabia Belloveso ita scripsit:

Fabia Belloveso SAL[1],

ego mirabar sed numquam de te rogavi: quis te legere et scribere docuit? erasne tu liber[2] olim, aut tu servus natus es?

cura ut valeas[3]

[1] SAL - *salutem*, common greeting in Roman letters

[2] liber - free

[3] common valediction in Roman letters

Bellovesus diu cogitabat de illis temporibus, quorum alia mala erant, sed alia optima. tandem Bellovesus responsum Fabiae scripsit.

Bellovesus dominae Fabiae salutem plurimam dicit:

tu rogas quis me legere et scribere docuerit. Diviciacus, magister sapientissimus et benignus, me docuit. Diviciacus erat unus ex druidibus, qui sunt sacerdotes in Gallia. quoque druides sunt iudices[4] et druides leges[5] faciunt et poenas decernunt.

druides carmina[6] magica et sacra cantant[7], sed numquam carmina scribunt. druides carmina sacra non scribunt ne alii carmina sacra discant. quoque druides cogitant discipulos qui libros legant esse ignavissimos[8]! discipuli qui in memoria carmina tenent[9] sunt optimi. igitur ego numquam linguas Gallicas legere discebam quod non sunt litterae Gallicae!

tamen mercatores Gallici negotium agunt cum litteris Graecis et quoque litteris Latinis. Diviciacus me legere et scribere litteris Graecis et Latinis docuit quod pater meus erat optimus mercator.

---

[4] iudices - judges
[5] leges - laws
[6] carmina magica - magical songs, verses
[7] cantant - they sing
[8] ignavissimos - very lazy
[9] in memoria tenet - to remember

pater meus, Catuvrix, erat vir dives et nobilis apud Aeduos[10]. nos vinetum[11] maximum in Gallia habebamus, et optimum vinum in oppidis proximis vendebamus.

postquam vinum fecimus, per flumen Arar[12] navigabamus et multa oppida pervenimus. postquam omne vinum venditum est, nos ad oppidum Noviodunum[13] pervenimus ut amicos, clientes, et familiares videremus. Novioduni Diviciacus me docebat.

quoque, ego sororem habui. nomen sorori est Brixa. ea nobiscum iter fecit.

---

[10] Aedui - a tribe of Gauls who later allied with Caesar in the Gallic wars

[11] vinetum - vineyard

[12] Arar - the Saone river in France

[13] Noviodunum - modern French town Nevers, 160 miles SE of Paris

2 ITER ULTIMUM PER ARAR

iter ultimum per Arar quod ego et pater fecimus, res mala accidit. nos navigavimus ad oppdium Sequanum quod Magetobriga appellatum est ut vinum venderemus.

cum nos amphoras vini e navibus portaremus, viri scelesti nobis appropinquaverunt.

"vos non estis Sequani[14]. quid vos agitis hic?" unus vir dixit.

"salvete. nos sumus mercatores Aedui, et vinum vendimus. nos multa non rogamus, sed vinum est optimum." pater dixit.

[14] Sequani were a neighboring tribe of Gauls who often fought with the Aedui over trade rights on the Arar river

"mercatores Aedui non sunt accepti[15] hic. hoc flumen est Sequanum, non Aeduum." vir scelestus dixit.

"sed superiore anno[16] nos Magetobrigae vinum vendidimus." pater iratus dixit.

"et hoc anno mercatores Sequani vinum Romanum Magetobrigae vendimus. sed nos aliam rem quam tu habes cupimus!" vir scelestus dixit et Brixam rapuit.

quam celerrime ego arcum meum cepi et sagitta virum scelestum transfixi. Brixa virum pugione transfixit et ad patrem cucurrit lacrimans. scelestus vir ad terram cecidit mortuus.

[15] acceptus - welcome

[16] superiore anno - last year

nos ad principem Sequanum Magetobrigae lati sumus. pater meus iratissimus totam rem narravit.

princeps Sequanus, nomine Catamantaloedis, rem diu cogitabat. tandem dixit,

"mercatores Aedui non iam sunt accepti hic. tamen non decorum[17] erat viris Sequanis filiam tuam rapuisse. sed filius tuus virum Sequanum necavit. filius meus, Casticus, erat inter viros qui vobis appropinquaverunt. si filius tuus Casticum meum interfecerat, filius tuus mortuus sit. sed, non erat Casticus quem filius interfecit. igitur omne vinum ego capiam. hoc vinum erit redemptio[18] pro vita viri Sequani." princeps Sequanus ridebat et omne vinum cepit.

pater meus iratissimus respondit, "flumen Arar quoque est Aeduis. ego hanc rem principibus Aeduis narrabo et tum iterum decernemus."

"sed fortasse tum nos non verbis sed telis decernemus..." princeps Sequanus respondit.

tum nos iter quam celerrime ad oppidum Noviodunum fecimus.

---

[17] decorum - proper

[18] redemptio - ransom, price

3 LEPORES SUB LUCE LUNAE

sed erant alii discipuli Diviciaco. Dagomarus, stultissimus et caudex, erat alius discipulus Diviciaco. pater Dagomari, nomine Dumnorix[19], erat frater Diviciaci, ditissimus et nobilissimus vir apud Aeduos. Dumnorix filium esse druidem voluit, sed Dagomarus erat stultissimus puer.

cum magistro Diviciaco ego et Dagomarus librum de venando legebamus. liber, nomine Cynegeticus[20], a Xenophonte scriptus est. Dagomarus tam stultus erat ut nihil nisi de venationibus intellegere posset. igitur nos legebamus librum Xenophontis de venando.

sed liber erat Graecus, et Dagomarus tam stultus erat ut linguam Graecam intellegere non posset. igitur ego librum Graecum legi et tum liber in linguam Latinam a me translatus est. tum stultissimus Dagomarus librum Latinum de venationibus legit.

---

[19] Dumnorix, prominent Aeduan and brother of Diviciacus

[20] Cynegeticus, a book on hunting and hunting dogs, written by the Greek historian Xenophon in 390s BCE

illo die ego de leporibus legebam, et fabulam mirabilem inveni. iterum iterumque verba Graeca legi quod fabulae mirabili non credere poteram. sed ego fabulam in linguam Latinam transtuli et Dagomaro tradidi.

"Bellovese, tu erravisti. ego his verbis non credo. Xenophon dicit,

cum luna plena lucet, difficillime[21] est agitare lepores quod lepores gaudent[22] in luce et altissime in caelo saliunt, ludentes inter se.

quam mirabilis est haec fabula! non credo!" Dagomarus dixit.

"ego non erravi - haec verba sunt vera verba Xenophontis. sed ego quoque non credo. primo tempore umquam, ego etiam tecum consentio[23]!" ego clamavi.

[21] difficillime - very difficult

[22] gaudeo - to rejoice

[23] consentio - I agree

"hac nocte luna plena in caelo lucebit. fortasse nos ad silvam proximam tacite noctu venire possumus ut lepores salientes videamus..." Dagomarus dixit.

"quam mirabile! ego iterum tecum consentio!" ego clamavi, ridens.

nocte ego et Dagomarus tacite per silvas ambulabamus. luna plena lucebat, et silvae erant vivae cum motibus[24] et sonis animalium. post iter longum per silvas, nemus invenimus, clarum[25] luce lunae.

"hic est locus in quo lepores salient," ego Dagomaro susurravi. et diu exspectabamus. nulli lepores in nemus venerunt. fortasse etiam ego dormiebam, et somium habebam in quo lepus altissime in caelo saliebat.... subito excitatus sum - ego lepores salientes vidi! ego celeriter Dagomarum pulsavi et excitavi.

---

[24] motus et sonus - motion and sound

[25] clarum - clear, bright

nos lepores longe in silvas agitavimus, et errantes in silva, nos nesciebamus ubi essemus.

"exspectemus dum[26] caelum illucescat[27]," Dagomarus dixit, sedens sub arbore, "tum poterimus invenire viam domum."

subito silva tacuit. nos post arborem se celavimus. ingens divus homo saxum magnum in nemore ascendit. ingens homo coronam cornuum gerebat et sonum magnum in cornu inflavit[28]. alii homines e silvis apparuit. ego et Dagomarus eramus perterriti. homines similes umbris videbantur.

---

[26] dum - while, until

[27] illucescat - grow bright

[28] inflavit - blew on

quam celerrime nos qualibet via[29] cucurrimus. tandem, cum dies illucesceret, domum pervenimus. patres nostri nos exspectavimus, iratissimi.

"ubi vos eratis? cur tu eras tam stultus?" pater meus clamavit.

"stultissime Dagomare! quid tu cogitabas?" rogavit Dumnorix.

sed nos tam perterriti eramus ut patres celeriter tacerent. nos in memoria etiam tum tenebamus[30] imaginem mirabilem quam in silva vidimus.

"ignosce mihi, pater," ego coepi, "sed in silva superiore nocte[31] nos aliquid mirabilis vidimus. erat homo, altissimus fortissimusque, qui coronam cornuum gerebat. quid erat?"

pater meus et Dumnorix inter se diu spectabant.

Dumnorix tandem dixit, "hac nocte erit concilium[32] et cena omnium Aeduorum. nobis ad Diviciacum haec res ferenda est in concilio."

---

[29] qualibet via - by any way at all

[30] in memoria tenebamus - we were remembering

[31] superiore nocte - last night

[32] concilium - council

4 CENA

multi Aedui in villa magnifica convenerunt: alii nobiles, alii bellatores fortes, alii mercatores divites. Liscus, nobilissimus et ditissimus, erat Vergobretus. Vergobretus est magistratus[33] Gallicus qui maximam auctoritatem[34] inter nos habet.

quoque aderant nobiles ex aliis gentibus[35] Gallicis. unus nobilis, nomine Orgetorix, erat de Helvetia[36]. Apud Helvetios longe nobilissimus fuit et ditissimus Orgetorix. Helvetia est terra trans montes Alpes[37]. ego nescivi cur Orgetorix adesset[38].

prope Orgetorigem femina pulcherrima sedebat. inter Aeduos, in cena magnifica filii et filiae cibum et vinum parentibus offerunt. igitur ego et soror mea vinum et cibum patri nostro offerebamus.

---

[33] magistratus - government official

[34] auctoritatem - authority

[35] gentibus – tribes

[36] Helvetia - modern-day Switzerland, across the Alps from Gallia

[37] montes Alpes - the Alps mountains

[38] adesset - was present

cum ego, Dagomarus et Brixa cibum et vinum compararemus, ego Dagomarum interrogavi de femina.

"quis est illa, Dagomare?" ego rogavi.

"fortasse illa femina erit noverca[39] mea," Dagomarus iratus dixit. "Orgetorix filiam suam in matriomonium dare[40] offerebat."

"sed patri tuo, non tibi?" ego dixi.

"ita. quam infelix." Dagomarus consensit.

"quam pulchra erit noverca tua," ego dixi, ridens, et Dagomarus me pulsavit. Dagomarus erat stultissimus, sed fortissimus, et ego tacui.

---

[39] noverca - stepmother

[40] in matrimonium dare - to give in marriage

"minime, Dagomare," inquit Brixa, "est felicissimum tibi, quod tu mihi nubere potes."

ego et Dagomarus ambo constitimus, obstupefacti[41].

"hem, optime." Dagomarus susurravit.

"minime, soror! tu Dagomaro nubere non potes quod ille est stultissimus! quam caudices erunt liberi vestri!"

primum Dagomarus iratus erat, sed tandem dixit,

"verum est, carissima Brixa. tu es nimis callida mihi." Dagomarus Brixae dixit.

"flocci non facio[42] de sapientia tua aut etiam specie[43]," soror dixit.

"quoque verum! Dagomarus est turpissimus[44]!" ego dixi.

"tace, frater! ego Dagomaro nubere volo quod pater eius est potens, dives, et Dagomarus est fortissimus. ego habebo potentes, divites, et fortissimos filios." Brixa dixit et discessit.

"quam callidissima est Brixa tua! ego laete Brixae nubam! certissime olim Brixa erit pulcherrima femina." Dagomarus dixit. ego Dagomarum pulsavi et nos ad patres revenimus.

ego vinum patri, Dumnorigi, et nobilibus offerebam.

---

[41] obstupefacti - dumbfounded, confused

[42] flocci non facio - I don't care at all (lit. I don't give a piece of sheeps wool)

[43] specie - looks, appearance

[44] turpissimus - super ugly

quam lentissime[45] ego vinum fundebam, quod feminam pulcherrimam prope Orgetorigem spectare volebam. cum vinum in pocula lentissime funderem, verba tacitissima inter Orgetorigem et Dumnorigem audivi.

"est perfacile factu[46]," Orgetorix susurrabat, "habere imperium[47] totius Galliae per potentissimos socios."

"sed amice," Dumnorix respondit, "tune imperium apud Helvetios habes? quo modo tu Helvetiis persuadere potes ut ex villis et agris discederent et ad Galliam iter facerent?"

ego circumspectavi[48]. nemo nisi ego verba tacitissima audiebat.

[45] quam lentissime - as slowly as possible
[46] perfacile factu - very easy to do
[47] imperium - power, command
[48] circumspectavi - I looked around

"noli mentem tuam vexare de eo, amice," Orgetorix respondit. "fines[49] in Helvetia sunt angusti[50]. nos Helvetii sumus homines cupidi bellandi[51]! iam duos annos nos Helvetii copiam[52] frumenti, animalia, et carros[53] comparavimus."

"sed amice," Dumnorix inquit, "esne certissimus de imperio tuo apud Helvetios? tune es princeps?"

"ut ego antea[54] dixi, mi Dumnorix, familiam habeo, ad hominum milia decem[55], et multos clientes et obeaeratos[56]. ego imperium inter Helvetios capturus sum, et tu uxorem pulcherrimam capturus es!" Orgetorix ad filiam vertit, et osculum[57] in capite dedit.

Dumorix signum mihi dedit, et ego iterum in poculum vinum fudi. tum ego e mensa ambulavi, multa in animo volvens.

---

[49] fines - borders
[50] angusti - narrow
[51] cupidi bellandi - eager to wage war
[52] copiam frumenti - abundance of grain
[53] carros - wagons
[54] antea - before
[55] milia decem - ten thousand
[56] obaeratorum - debtors
[57] osculum - kiss

5 TRINOX SAMONI

pater meus fabulam meam Lisco narravit. postquam pater totam rem narravit, Liscus me spectabat, et tum ad Diviciacum vertit, susurrare coepit.

Diviciacus, sapiens magister et Druis, ad me et Dagomarum vertit et dixit,

"erat res periculosissima, stulti iuvenes, discedere ex oppido noctu," Diviciacus coepit

"sed ego saepissime animalia agito noctu!" Dagomarus clamavit.

"tace! stulte puer!" Dumnorix susurravit.

"sed nunc," Diviciacus inquit, "est trinox Samoni[58]. est initium[59] anni, et igitur est ianua[60] anni. prima nocte trinocis Samonis, qua vos duo stultissimi iuvenes ad silvam venire constituistis[61], animi mortuorum in terris nostris habitant. ianua inter terras vivorum et umbrarum aperta est nunc. omnes animi, et benigni et mali, inter homines ambulant. silva nunc est plena animis. vos estis felicissimi victu[62]. sine dubio imago quam vos vidistis erat animus mortuorum."

"sed magister," ego coepi, "imago coronam cornuum gerebat. quid erat?"

Diviciacus sedit, vinum bibens. "fortasse erat deus Cernunnos[63] ipse. et Cernunnos est deus Orci[64]."

[58] trinox Samoni - Gallic "New Year" when the gate between the spirit world and mortal world opens; marks the end of the "day" portion of the year, and the beginning of the "night"; celebrated on October 31.
[59] initium - beginning
[60] ianua - door
[61] constituistis - y'all decided
[62] victu - to be alive
[63] Cernunnos - Celtic "horned god" of the Underworld
[64] Orcus – the Underworld

deinde pater meus surrexit iterum et ad Liscum vertit,

"quoque in itinere nostro, nobiles amici, ego et liberi mei vinum Magetobrigae vendere voluimus. sed Sequani prope Magetobrigam nos oppugnaverunt. Sequani paene[65] filiam meam ceperunt et omne vinum rapuerunt.

Dumnorix clamavit, ebrius[66],

"tempus est nobis Sequanos docere, socii. tempus est nobis ostendere Sequanis nos Aeduos esse fortissimos omnium Gallorum!" Dumnorix mensam pulsavit. omnes Aedui quoque mensas pulsaverunt et pocula sustulerunt, laetissime exclamans.

[65] paene - nearly
[66] ebrius - drunk

pater meus iterum surrexit,

"sed amice, nobis temere[67] non agendum est! fortasse nos debemus socios comparare, consilium capere..."

"satis verborum!" Dumnorix exclamat. "nunc est tempus proelio. ego iam milia amicorum et clientium comparavi. nos Aedui quoque pro diebus festis[68] convenimus. nunc nobis oppugnandum est!"

cum omnes Aedui clamarent, pater meus sedit, anxissimus[69].

---

[67] temere - rashly, hastily

[68] diebus festis - festival days

[69] anxissimus - very nervous

6 VENATIO

postridie Dagomarus ad me venit, tenens dua venabula[70] in manibus.

"amice," Dagomarus dixit, "erit proelium inter Aeduos et Sequanos hodie. patres et viri pugnabunt. nos iuvenes in oppido manebimus et nos liberos et senes et avias[71] in oppido custodiemus. sed nunc in silvam eamus[72] et nos cervum aut aprum capiamus ut cenam magnificam victoribus paremus!"

ego quoque agitare volui, sed venabulum non volui. ego arcum meum cepi.

"cur tu semper arcu venaris, non venabulo?" rogavit Dagomarus. "venabulum est optimum."

"hunc arcum et pater et avus[73] et abavus[74] meus habuerant, et nunc ego habeo." Bellovesus dixit.

Dagomarus arcum antiquum[75] inspiciebat, "ecce! nunc

---

[70] venabula - hunting spears

[71] avias - grandmothers

[72] eamus - let's go

[73] avus - grandfather

[74] abavus - great grandfather

video! hic arcus e cornu factus est! quam fortis et optimus! quam longe sagittae volant[76]! possumne hoc arcu venari?"

"minime, Dagomare. nemo tangit[77] hunc arcum, nisi ego. olim ego arcum filio meo dabo."

"et si tu filium non habueris?" Dagomarus rogavit.

"tum ego arcum filiae dabo." Bellovesus respondit.

"bene[78] dictum est." Dagomarus dixit et sagittas meas gerebat.

cum nos silvas intraremus, Dagomarus dixit, "nos

---

[75] antiquum - ancient
[76] volant - fly
[77] tangit - touches
[78] bene - well

vitemus[79] locum in quo umbram ingentem vidimus."

nos saxum interea ascendimus spectantes in omni terra. in nemore spectavimus tres cervos errantes per terram. longum agmen[80] cervorum hos tres ductores[81] cervos per terram sequebatur. tres ductores cervi capita alta cornibus arboreis[82] habebant.

"nos agitemus hos nobilissimos cervos," ego dixi, ostendens Dagomaro hos tres ductores cervos.

"minime, amice, pro duabus causis: in primo, hi cervi sunt proximi loco in quo ego ingentem umbram vidi. postremo, quis alius cervos ducat si nos ductores necaverimus?"

[79] vitemus - let's avoid
[80] agmen - line
[81] ductores - leaders
[82] cornibus arboreis - branching horns

"ambo scimus alium ducem semper surgere ubi primus dux interficiatur. alius ex cervis surget. fortasse etiam nunc unus ex his cervis mortem ductorum cupit." ego respondi.

nos taciti cervos spectavimus.

"nimis nobiles sunt hi cervi," Dagomarus tandem dixit, "ego ingentem aprum inveniam et agitabo et necabo." et Dagomarus longe in silvas ambulavit.

sed ego non eram perterritus. ego agitare et capere hos cervos volui. igitur in silvas in alia via, prope locum in quo umbram ingentem vidimus, ambulavi.

tandem ad lacum[83], circum quem omnes cervi convenerant ut aquam biberent, perveni, et ego quoque aquam valde cupiebam.

[83] lacum - lake

ego inter arbores celatus sum prope lacum. necesse erat mihi tamen cervum necare antequam[84] bibens quod alios cervos terrere nolui. et hoc consilium vitam meam servavit. subito ingens umbra cum corona cornuum e silva apparuit. sed non videbatur similis umbrae. ingens et fortissimus vir erat vivus! sequens ingentem virum erat manus militum[85]! sed non erant Galli, et non erant Romani.

ego caute et diligenter bellatores inspexi. bellatores et ingens vir neque pila neque gladios habuerunt. bellatores tela ignota[86] ferebant. tela erant brevia. quisque vir multa tela ferebat.

tandem ego tela agnovi - erant tela Germana! Dagomarus olim mihi narravit de his telis. Germani appellant haec tela "framms" in lingua Germanorum.

et cum bellatores inspicerem, ego nodum capillorum[87] spectavi. tantum Germani nodum capillorum gerebant! hi sunt bellatores Germani!

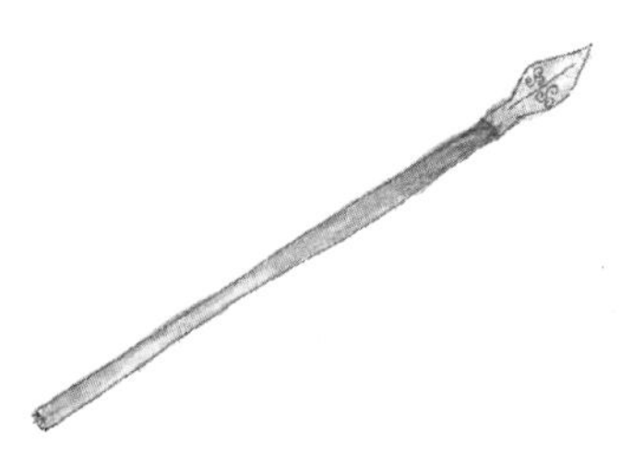

[84] antequam - before

[85] manus militum - band of soldiers

[86] tela ignota - unknown weapons

[87] nodum capillorum - knot of hair: the "Suebian knot" is a distinctive braid on the side of the head worn by the Germans

7 MONITUS

ego scire volui cur Germani essent in his silvis. Germani sunt potentes amici, sed periculosi hostes. igitur ego diu inter arbores exspectabam et spectabam.

sine dubio ingens vir cum corona cornuum erat dux. dux Germanus bellatores ita iussit: alii in aqua se lavabant[88] et alii aquam ex lacu portabant, et alii tela Germana in saxis acuebant[89].

[88] se lavabant - were bathing
[89] acuebant - were sharpening

tandem dux signum dedit et omnes bellatores ad silvam revenerunt. ego tacite et procul[90] sequebar. nemo me spectavit. post iter breve in nemus pervenimus. in nemore erat castra Germana! multi bellatores Germani in castris habitabant!

sed tum aliquid mali conspexi - Casticus, filius principis Sequanorum, castra intravit. Casticus regem Germanorum laete salutavit, et consilia de proelio cum Aeduis capere coeperunt!

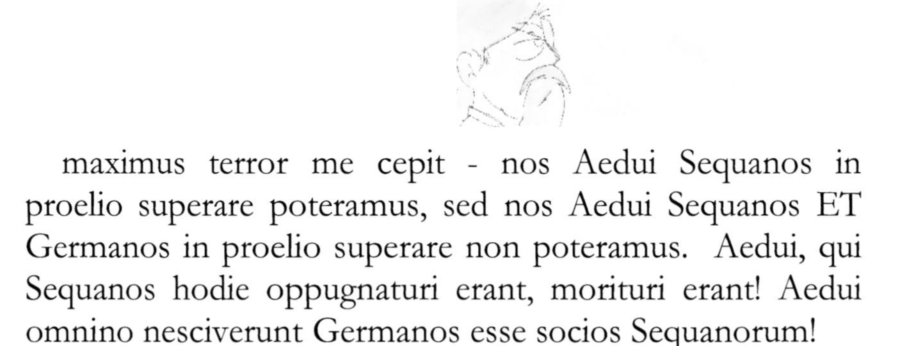

maximus terror me cepit - nos Aedui Sequanos in proelio superare poteramus, sed nos Aedui Sequanos ET Germanos in proelio superare non poteramus. Aedui, qui Sequanos hodie oppugnaturi erant, morituri erant! Aedui omnino nesciverunt Germanos esse socios Sequanorum!

mihi statim ad Aeduos festinandum erat! mihi statim pater monendus erat! Aeduis hodie non oppugnandum est! ego quam celerrime sed quam tacitissime per arbores discessi ut nemo me videret et ad castra Aeduorum revenirem.

[90] procul - far off

diu sine quiete[91] cucurri ad Aeduos monendos. cum autem prope oppidum Magetobrigae, ubi Aedui Sequanos oppugnaturi erant, pervenissem, ego subito constiti. haesitans[92], silvam inspexi.

eheu! tota silva erat plena hostium! tota silva erat plena Germanorum et Sequanorum. Germani et Sequani erant inter me et Aeduos. sed nunc ego intellexi consilium Sequanorum! Sequani et Germani insidias paraverunt ut Aeduos necarent: cum Aedui oppidum Magetobrigae oppugnarent, Germani et Sequani ex silvis venturi erant et a tergo[93] Aeduos oppugnaturi erant.

ego circum hostes ire non poteram. sed necesse erat mihi explicare de Germanis quam celerrime. quid faciam? ego sub arbore sedebam et cogitabam breviter...

[91] quiete - rest
[92] haeistans - hestitating
[93] a tergo - from behind

fortasse debeo ambulare trans campum, et nulla suspicione Gallus inter Gallos ego castra Aeduorum perveniam. sed ego maximum periculum huius consili timebam.

tandem arborem ascendi ut campum inspicerem. ego castra Aeduorum videre poteram. Dumnorix, Liscus, pater meus et alii fortissimi Aedui arma capiebant ut proelio se pararent. ego quoque vidi Diviciacum apud Aeduos. subito ego consilium callidum cepi!

quam celerrime ego hanc epistulam monentem de insidiis scripsi:

Bellovesus divo Diviciaco Driudi:

noli proelium committere[94]! Germani sunt socii Sequanorum. animus cum corona cornuum in silvis quem ego vidi erat dux Germanorum! omnes Aedui morituri sunt si vos Magetobrigam oppugnatis! noli oppugnare!

---

[94] proelium committere - join in battle

statim ego epistulam ad sagittam adligavi. erat maximum spatium[95] inter castra Aeduorum et me. sed arcus meus erat optimus.

omnibus cum viribus[96] sagittam ieci. sagitta cum epistula longe per caelum evolavit[97]. haec casu[98] in arborem prope Aeduos adhaesit[99] neque ab Aeduis visa est.

tam iratus eram ut statim ex arbore desilirem[100] magno cum clamore. unus ex Germanis me vidit. ego captus sum!

[95] spatium - space
[96] omnibus cum viribus - will all my strength
[97] evolavit - flew
[98] casu - by accident, misfortune
[99] adhaesit - stuck
[100] desilirem - I jumped down

8 CAPTUS, INTERROGATUS, ET LIBERATUS

Germanus me ad arborem adligavit et discessit. tum Germanus revenit cum Castico, filio principis Sequanorum.

"ego te agnovi," Casticus dixit, "quid tu agis hic?"

ego non respondi. Casticus me pulsavit, et iterum rogavit, "dic mihi: quid tu agis hic?"

iterum ego non respondi. Casticus iratissimus cum Germano susurrabat. ego audire non poteram quod susurrabant.

"nihil interest[101], quid tu agas hic. nos sumus interfecturi omnes Aeduos in proelio. tu manebis hic, sub hac arbore, et sonos Aeduorum morientium audies." et Casticus discessit ad locum celatum atque optimum insidiis, sed Germanus mansit[102] ut me custodiret.

---

[101] nihil interest - it doesn't matter

[102] mansit - stayed

in animo volvi[103] quo modo ego effugere possem. arcus meus etiam prope arborem erat. Casticus et Germanus arcum meum non spectaverant. sed ad arborem adligatus sum et Germanus me spectabat.

subito ego et Germanus sonos ex arbore prope nos audivimus. Germanus surrexit. venabulum e silva evolavit et pectus Germani transfixit. Germanus ad terram cecidit mortuus.

Dagomarus et Brixa e silva tacitissime apparuerunt. Brixa funes[104] pugione scissit[105] et me liberavit. ego, sororem meam et Dagomarum amplexus, dixi,

"optime factum, Brixa et Dagomare, sed quo modo vos scivistis me in his silvis captum esse?

[103] in animo volvi - I wondered
[104] funes - ropes
[105] scissit - cut

Dagomarus ridens respondit, "cum ego ad oppidum cum maximo apro revenissem, Brixa ad me cucurrit lacimans. Brixa somnium habuit in quo tu a Sequanis captus et pulsatus es. Brixa me coegit[106] te quaerere.

nos te prope castra Aeduorum quaerebamus, sed te invenire non poteramus. tum ego in caelo sagittam longe per caelum evolantem vidi. ego pro certo habui[107] te illam sagittam iecisse. et nos te hic invenimus!

sed nunc necesse est mihi Brixae nubere quod somnia vera missa de deis habet et amicum optimum meum servavit!" Dagomarus Brixam amplexus est et Brixa erubescit[108].

"noli consilia insana[109] capere, amice!" Bellovesus dixit, "gratias maximas ago, sed nunc necesse est nobis festinare! nobis proelium prohibendum est!"

"sed amice," Dagomarus dixit, "proelium iam coeperunt. nonne tu sonos audis?"

"suntne Aedui victores?" ego perterritus rogavi. nos arborem ascendimus ut proelium videremus. Aedui Sequanos superabant! sed deinde Germani e silvis apparuerunt et impetum[110] saevissimum in Aeduos fecerunt.

---

[106] coegit - forced
[107] pro certo habui - knew for sure
[108] erubescit - blushed
[109] insana - crazy
[110] impetum - attack

9 PROELIUM

statim ex arbore nos omnes discessimus et ad proelium quam celerrime festinavimus.

at me tum primum saevus circumstetit horror. clamore et lacrimis omnia complentur[111]. omnia Aeduos deficere[112] videbantur:

Dumnorix qui nihil ante cogitavisset, perterritus erat et cucurrit circum bellatoresque disposuit[113] quod plerumque[114] eis accidere consuevit[115], qui in ipso negotio consilium capere coguntur[116].

---

[111] complentur - are filled
[112] deficere - to fail
[113] disposuit - station, arrange, distribuite
[114] plerumque – very often
[115] accidere consuevit - tended to happen
[116] coguntur - are forced

pater meus, Catuvrix, qui cogitavisset haec posse in proelio accidere, erat et optimus bellator in pugna et optimus dux in appellandis cohortandisque[117] bellatoribus.

"quid dubitas[118]," inquit Dagomarus, "Bellovese? aut quem locum tuae probandae virtutis[119] exspectas? hic dies de nostris virtutibus iudicabit[120]."

Dagomarus haec cum dixisset in hostes cucurrit ut patrem Dumnorigem servaret.

ego verti ad Brixam, dicens, "curre quam longissime in silvam. noli respicere. exspecta Diviciacum in oppido Novioduni et dic ei omnia. ego iuro[121] me te inventurum esse. ego te amo, carissima soror."

ego Brixam amplexus sum et eam ad silvam propulsi[122]. Brixa celerrime cucurrit pugionem in manu tenens.

[117] appellandis cohortandisque - in calling and encouraging
[118] dubitas - do you hesitate
[119] probandae virtutis - of proving courage
[120] iudicabit - will judge
[121] iuro – I swear
[122] propulsi - pushed away

ego patrem meum, a hostibus circumventum[123], vidi. pater pilum in hostes iecit atque unum ex hostibus currentem transfixit. sed tum hostes universi[124] in patrem tela iecerunt neque dant regrediendi[125] facultatem[126].

unum telum vertit gladium e manu patris. alterum telum patrem transfixit in crure[127], et pater in saxum cecidit. Casticus cucurrit ut patrem inermem[128] interficeret. Casticus gladium alte sustulit.

ego deos precatus sum[129] et sagittam saevam ieci. sagitta mea manum Castici perdidit et gladium vertit. Casticus me vidit et saevissime exclamavit. sed aliquis post tergum caput meum pulsavit et omnia caeca[130] erant.

[123] circumventum - surrounded
[124] universi - all together
[125] regrediendi - of going back
[126] facultatem - opportunity
[127] crure - the leg
[128] inermem - unarmed
[129] precatus sum - prayed
[130] caeca - dark, blind

10 SERVI FACTI SUMUS

ego excitatus sum in silva, iterum ad arborem adligatus. feliciter campus proelii videre non poteram, corpora amicorum et familiarum videre non poteram.

Catamantaloedis, princeps Sequanorum, captivos[131] inspicere coepit. tandem ad me pervenit.

"ego te agnosco," inquit Catamantaloedis, "tu Sequanum virum necavisti postquam sororem tuam capere temptavit."

"ita vero, sum ego," ego respondi, sed miles Sequanus me pulsavit et clamavit, "tace, Aedue canis!" sanguis ex naso[132] meo fluebat[133].

---

131 captivos - captives

132 naso - nose

133 fluebat - was flowing

tum in nemus Dumnorix, Diviciacus, Dagomarus et pater meus ambulaverunt.

"salvete, omnes. vosne estis legati[134] de pace?" Catamantaloeis ridens rogavit.

"salve, princeps. ita vero, nos venimus de pace. quid Sequani cupiunt?" Dumnorix dixit.

subito, in nemus Casticus venit. manum perditum super caput sustulit et clamavit,

"ego mortem istius[135] pueri cupio! iste puer manum meam perdidit!"

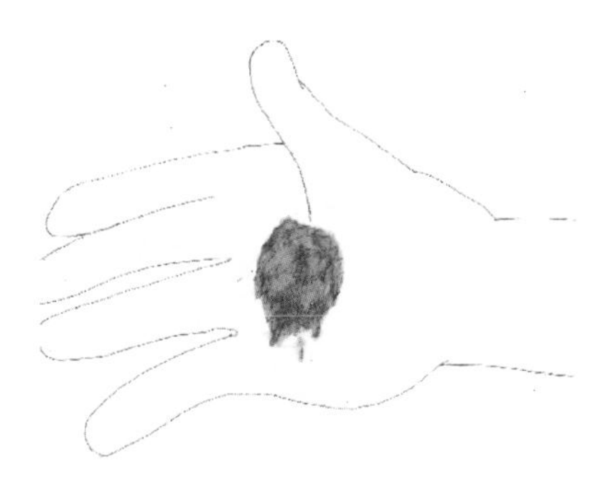

[134] legati - ambassadors
[135] istius – (iste) that

Catamantaloedis non iam ridebat.

"nos Sequani obsides[136] cupimus. obsides sunt iste puer et iste vir," et me et patrem meum ostendit.

Dagomarus erat perterritus. Dumnorix dixit, "sed tibi ius iurandum[137] est te Belloveso et Catuvrici non nociturum esse[138]."

"pater, tibi id non faciend...!" Dagomarus clamavit sed Dumnorix Dagomarum prohibuit.

"tace, stulte puer!" Dumnorix susurravit.

"ego iuro me Belloveso et Catuvrici non nociturum esse," Catamantaloedis dixit. sed ego ei non credidi.

"sit pax inter Aeduos et Sequanos," dixit Dumnorix, et patrem meum Sequanis tradidit et Dagomarum filium e nemore cepit.

---

[136] obsides - hostages

[137] ius iurandum - a sworn oath

[138] nociturum esse - will harm

simul Dumnorix discessit, Casticus ad patrem cucurrit, clamans, "pater! cur tu non istos Aeduos necavisti? specta manum meam!" et Casticus manum perditam patri ostendit.

"quod fatum[139] peiorem[140] morte cupio Belloveso et Castico," Catamantaloedis filio respondit, "ego in servitutem[141] eos vendam. Bellovesus et Catuvrix dominos Romanos habebunt. Bellovesus et Catuvrix in agris Romanis laborabunt. Bellovesus et Catuvrix numquam iterum Galliam carissimam videbunt. nonne haec poena est optima?"

"sed pater, tu Dumnorigi dixisti te eis non nociturum esse," Casticus dixit.

"ego eis non nocebo. nescio quid dominus Romanus eis facturus sit[142]." Catamantaloedis respondit, ridens.

Casticus risit et me et patrem in catenis[143] duxit.

ego et pater in oppido Romano venditi sumus, et servi facti sumus.

[139] fatum - fate
[140] peiorem - worse
[141] servitutem - slavery
[142] facturus sit - is going to do
[143] catenis - chains

tandem, post multos dies Bellovesus fabulam de vita sua perfecit. Bellovesus epistulam Fabiae perfecit.

postridie, amicus servus ad vinetum pervenit.

"amice, tu rogavisti ut ego epistulam carissimam ad dominam Romae ferrem." servus dixit.

Bellovesus epistulam in manu spectavit, et diu cogitabat,

"amice, ignosce mihi. ego erravi. est nulla epistula tibi. iter felix tibi sit."

et Bellovesus ad vinetum revenit.

GLOSSARY

a, ab	from, by
accido, accidere, accidi	happen
ad	to
adligo, adligare, adligavi, adligatum	bind, tie
Aeduus	Aeduan, tribe of Gauls
ager	field
agito, agitare, agitavi, agitatum	chase, hunt
ago, agere, egi, actum	do, drive, compel
aliquid	something
alius	other, some
altus	high
ambo	both
ambulo, ambulare, ambulavi	walk
amicus	friend
amo, amare, amavi, amatus	love
amplexus	having embraced
animal	animal
animus	spirit
annus	year
aper	boar
appareo, ere, ui	appear
appello, appellare, appellavi, appellatum	call, name
appropinquo, appropinquare, appropinquavi	approach
apud	among
aqua	water
arbor	tree
arcus	bow
ascendo, ascendere, ascendi	climb
audio, audire, audivi, auditum	hear, listen
aut	or, but
averto, avertere, averti	turn aside
bellator	warrior
benignus	kind

brevis	short
cado, cadere, cecidi	fall
caelum	sky
callidus	clever
campus	plain
capio, capere, cepi, captum	take
caput	head
carmen	song, verse
carus	dear
castra	military camp
caudex	blockhead
causa	reason
celer	swift
celo, celare, celavi, celatum	hide
cena	dinner
certus	certain, sure
cervus	deer
cibus	food
circum	around
clamo, clamare, clamavi, clamatum	shout
clamor	noise, shout
cliens	client
coepi	begin
cogito, cogitare, cogitavi, cogitatum	think
comparo, comparare, comparavi	gather, obtain
consisto, consistere, constiti	stop
convenio, convenire, conveni	gather
corona	crown
cornus	horn
credo, credere, credidi, creditum	trust, believe
cum	with, when
cupio, cupire, cupivi	want, desire
cur	why
curro, currere, cucurri	run
custodio, custodire, custodivi	guard

de	from, about
debeo, debere, debui	ought
decerno, decernere, decrevi, cretum	decide, decree
dico, dicere, dixi, dictum	speak, say
dies	day
discedo, discedere, discessi	depart, leave
discipulus	student
disco, discere, didici	learn
diu	for a long time
dives, ditissimus	rich; very rich
do, dare, dedi, datum	give
doceo, docere, docui, doctum	teach
dominus, domina	master, mistress
domus	home
dormio, dormire, dormivi	sleep
druis, druides	druid, Gallic priest
dubium	doubt
duco, ducere, duxi, ductus	lead
duo	two
dux	leader
ego	I
epistulam	letter
erro, errare, erravi, erratum	wander, make a mistake
et	and
etiam	even, still
ex	from, out of
excito, excitare, excitavi, excitatus	awaken
explico, explicare, explicavi, explicatum	explain
exspecto, exspectare, exspectavi	wait
fabula	story
facio, facere, feci, factum	make, do
familiaris	relative
felix	lucky
femina	woman
fero, ferre, tuli, latum	bring, bear, carry

festino, festinare, festinavi	hurry
filia	daughter
filius	son
flumen	river
fortasse	perhaps
fortis	brave
frater	brother
fundo, fundere, fudi, fusus	pour
Gallia	Gaul, France
gero, gerere, gessi	wear, bear
gladius	sword
Graecus	Greek
gratias ago	give thanks
habeo, habere, habui	have
habito, habitare, habitavi	live
hic	here
homo	person
hostis	enemy
iacio, iacere, ieci, iactum	throw, shoot (arrow)
iam	now, already
igitur	therefore
ignosco, ignoscere, ignovi, ignotum	forgive
ille, illa, illud	that, these, those
imago	image
in	in, into, against
infelix	unlucky
inflo, inflare, inflavi, inflatum	blow
ingens	huge
insidiae	trap
inspicio, inspicere, inspexi, inspectum	inspect
intellego, intellegere, intellexi	understand
inter	among
interficio, interficere, interfeci, interfectum	kill
interrogo, interrogare, interrogavi, interrogatum	interrogate, question

intro, intrare, intravi	enter
invenio, invenire, inveni, inventum	find
iratus	angry
ita	thus, in this way
iter	journey
iterum	again
iubeo, iubere, iussi, iussum	order
iucundus	pleasant
iuvenis	youth
laboro, laborare, laboravi, laboratum	work
lacrimo, lacrimare, lacrimavi	cry
lego, legere, legi, lectum	read, choose
lepus	rabbit
liber	book
liberi	children
lingua	tongue, language
locus	place
longus	long, far
luceo, lucere, luxi	shine
luna	moon
lux	light
magister	teacher
magnificus	magnificent
malus	bad
manus	hand
maximus	very big, largest
me	me
mens	mind
mensa	table
mercator	merchant
mirabilis	marvelous, strange
miror, mirari, miratus sum	wonder, admire
moneo, monere, monui, monitum	warn
mons	mountain
mors	death

mortuus	dead
multus	much, many
narro, narrare, narravi, narratum	tell
nascor, nasci, natus sum	be born
navigo, navigare, navigavi, navigatum	sail
navis	ship
ne	so that not
necesse	necessary
neco, necare, necavi, necatum	kill
negotium	business
nemo	no one
nemus	grove
nescio, nescire, nescivi	not know
nihil	nothing
nimis	too
nisi	except, unless
nobilis	noble
noceo, nocere, nocui, nocitum	hurt, harm
nolo, nolle, nolui	not want
nomen	name
non	not
nonne	surely
nos	we
noster	our
nox	night
nubo, nubere, nupsi, nuptum	marry
nullus	none, not any
numquam	never
nunc	now
offero, offerre, obtuli, oblatum	offer
olim	once
omnis	all
oppidum	town
optimus	excellent, best
ostendo, ostendere, ostendi	show

parens	parent
paro, parare, paravi, paratum	prepare
pater	father
pax	peace
per	through
perdo, perdere, perdidi, perditum	destroy
periculosus	dangerous
persuadeo, persuadere, persuasi, persuasum	persuade
perterritus	terrified
pervenio, pervenire, perveni,	come to, arrive
pilum	javelin
plenus	full
plerumque	very often
poculum	cup
poena	punishment
porto, portare, portavi, portatum	carry
possum, posse, potui	be able
post	after, behind
postquam	after
postridie	on the next day
potens	powerful
primus	first
princeps	chief
proelium	battle
prohibeo, prohibere, prohibui	stop, prevent
prope	near
proximus	nearest
puer	boy
pugio	dagger
pulcher	beautiful
pulso, pulsare, pulsavi, pulsatum	hit, strike
pugno, pugnare, pugnavi, pugnatum	fight
quaero, quaerere, quaesivi	search for
quam	than, how
qui, quae, quod	who, which

quis	who
quisque	each
quo modo	how
quod	because
quoque	also, too
rapio, rapere, rapui, raptum	take, snatch
res	thing
respicio, respicere, respexi, respectum	look back
respondeo, respondere, respondi, responsum	respond
revenio, revenire, reveni, reventum	return
rideo, ridere, risi, risum	laugh, smile
rogo, rogare, rogavi, rogatum	ask
sacer	sacred, holy
sacerdos	priest
saevus	savage
sagitta	arrow
salio, salire, salivi, saltum	leap
salve	hello
sapiens	wise
sapientia	wisdom
satis	enough
saxum	rock
scelestus	wicked
scribo, scribere, scripsi, scriptum	write
se	himself, herself, themselves
sed	but
sedeo, sedere, sedi	sit
senex	old man
sequor, sequi, secutus sum	follow
servo, servare, servavi	save
servus	slave
signum	sign, signal
silva	woods, forest
similis	like

sine	without
socius	ally
solus	alone, only
somnium	dream
sonus	sound
soror	sister
species	appearance, looks
statim	at once
stultus	stupid
sub	under
subito	suddenly
supero, superare, superavi, superatum	overpower
surgo, surgere, surrexi	rise
suspicion	susipcion
susurro, susurrare, susurravi	whisper
taceo, tacere, tacui	be quiet
tacitus	quiet
tam	so
tamen	however
tandem	finally
tantum	only
te	you
telum	weapon
tempus	time
teneo, tenere, tenui	hold
terra	earth, ground
terreo, terrere, terrui, territum	frighten
timeo, timere, timui	fear
tollo, tollere, sustuli, sublatum	raise, lift up
totus	whole
trado, tradere, tradidi, traditum	hand over
trans	across
transferro, transferre, transtuli, translatum	bring across, translate
transfigo, transfigere, transfixi, transfixum	pierce, stab
tu	you

tum	then
ultimus	last, furthest
umbra	ghost
umquam	ever
unus	one
ut	in order to
valde	very much
venation	hunt
vendo, vendere, didi, venditum	sell
venio, venire, veni	come
venor, venari, venatus sum	hunt
verbum	word
verto, vertere, verti	turn
verus	true
vester	yours
vexo, vexare, vexavi, vexatum	bother, annoy
via	street, way, path
victor	winner
video, videre, vidi, visum	see
vinetum	vineyard
vinum	wine
vir	man
vita	life
vivus	alive
vix	hardly
volo, velle, volui	want
vos	you (pl), y'all

A Note to Teachers

When the AP Latin curriculum switched over from the Vergil or Latin Literature to the Caesar / Vergil, I couldn't escape the feeling that this endless whirlwind of battles and tribes was going to overwhelm my students.

I saw my students reacting to the different Gallic tribes and asking questions that I couldn't answer. And I knew there was an answer. Maybe it was buried in Cary and Scullard somewhere, or just lost to antiquity. The most valuable resources I found were *The Ancient Celts* by Barry Cunliffe and *Caesar in Gaul and Rome: War in Words* by Andrew Riggsby.

A crucial piece in understanding of the Gallic perspective in the Gallic Wars was the battle of Magetobriga in 63 BCE, described by Diviciacus in *De Bello Gallico* 1.31. The Aedui fought with the Sequani over trade rights on the Arar river. This conflict culminated in the battle of Magetobriga. In that battle the Sequani, secretly alliance with the German Suebi led by Ariovistus, surprised the Aedui and slaughtered them. The druid Diviciacus, an Aeduan, travelled to Rome to seek help. Perhaps because the Romans had many problems of their own in 63 BCE, they sent Diviciacus back to Gaul with no help. Later on during the Gallic Wars, Dumnorix, Diviciacus' brother, secretly works against Caesar and his Roman allies and is only saved by his brother's tearful intervention (DBG.

I wanted this story to give students a window into Gallic culture. I wanted it also to generate a little excitement with the hopes of enticing more level 3 students to carry over into level 4 AP. I wanted to give them something to hold on to when they approach the complex web of Gallic tribes and conflicts next year in the text by imagining what the political situation might have looked like surrounding the important conflict of Magetobriga. I attempted to give the Gauls a voice, even if imagined, since they were so opposed to recording their own voice.

Important Characters found in *De Bello Gallico*

Ariovistus - king of the Suebi, a Germanic tribe. He was formerly called "king and friend of the Roman people" by the Roman Senate (DBG 1.35). He aided the Sequani in destroying the Aedui at Magetobriga, then moved himself and his allies into their territory, alienating his former friends the Sequani.

Casticus - mentioned by Caesar in DBG 1.3 as son of Catamantaloedis, leader of the Sequani. He is one of Orgetorix's allies as well.

Catamantaloedis - father of Casticus DBG 1.3 and leader of the Sequani.

Diviciacus- leading noble among the Aedui and brother of Dumnorix. Caesar does not name him as a druid, but while in Rome pleading for the Aedui, he stayed as a guest at Cicero's house. Cicero mentions him in *De Divinatione* 1.41 as a druid.

Dumnorix - leading figure among the Aedui and brother of Diviciacus. Originally, because he tried to secretly sabotage Caesar's grain supply in DBG 1.16-1.20, I had picked him as the "bad guy" in this story. However, after writing a little bit, I came to see him as an ambitious, rash, and somewhat misguided pro-Aeduan. The Sequani themselves became much more natural antagonists.

Liscus - mentioned in DBG 1.16 as the Vergorbretus, the chief magistrate of the Aedui

Orgetorix - leading figure among the Helvetians, a tribe of Gauls who lived in modern-day Switzerland. Described by Caesar in *De Bello Gallico* 1.1, 1.2, 1.3, 1.4. Sought to take power over all of Gaul by allying with the Aedui and the Sequani. He gave his daughter in marriage to Dumnorix the Aeduan. Caesar puts the conspiracy of Orgetorix in 61 BCE (DBG 1.2), which is two years after this story's events. In the dinner scene I imagine that Orgetorix is doing some of the preliminary diplomatic work in his alliance with the Aedui and marriage of his daughter to Dumnorix.

Orgetorix's un-named daughter - given in marriage to Dumnorix

Passages from the AP Syllabus adapted in this story

passage in the story	passage from the AP Syllabus
Diviciacus erat unus ex druidibus, qui sunt sacerdotes in Gallia. quoque druides sunt iudices et druides leges faciunt et poenas decernunt. druides carmina magica et sacra cantant sed numquam carmina scribunt. druides carmina sacra non scribunt ne alii carmina sacra doceant. quoque druides cogitant discipulos qui libros legant esse ignavissimos! discipuli qui in memoria carmina tenent sunt optimi. igitur ego numquam linguas Gallicas legere discebam quod non sunt litterae Gallicae!	general summary of DBG 6.13 and 6.14
apud Helvetios longe nobilissimus fuit et ditissimus Orgetorix.	apud Helvetios longe nobilissimus fuit et ditissimus Orgetorix. DBG 1.2
"est perfacile factu," Orgetorix susurrabat, "habere imperium totius Galliae per potentissimos socios."	perfacile esse, cum virtute omnibus praestarent, totius Galliae imperio potiri DBG 1.2
iam duos annos nos Helvetii copiam frumenti, animalia, et carros comparavimus.	His rebus adducti et auctoritate Orgetorigis permoti constituerunt ea quae ad proficiscendum pertinerent comparare, iumentorum et carrorum quam maximum numerum coemere, sementes quam maximas facere, ut in itinere copia frumenti suppeteret ... DBG 1.3
fines in Helvetia sunt angusti. nos Helvetii sumus homines cupidi bellandi	qua ex parte homines bellandi cupidi magno dolore adficiebantur. 6 Pro multitudine autem hominum et pro gloria belli atque fortitudinis angustos se fines habere arbitrabantur DBG 1.2
familiam habeo, ad hominum milia decem, et multos clientes et obeaeratos. ego imperium inter	Orgetorix ad iudicium omnem suam familiam, ad hominum milia decem, undique coegit, et omnes clientes

Helvetios capturus sum	obaeratosque suos, quorum magnum numerum habebat, eodem conduxit DBG 1.4
nos saxum interea ascendimus spectantes in omni terra. in nemore spectavimus tres cervos errantes per terram. longum agmen cervorum hos tres ductores cervos per terram sequebatur. tres ductores cervi capita alta cornibus arboreis habebant.	Aeneas scopulum interea conscendit, et omnem prospectum late pelago petit Aen I.180-181 tris litore cervos prospicit errantis; hos tota armenta sequuntur a tergo, et longum per vallis pascitur agmen. Constitit hic, arcumque manu celerisque sagittas corripuit, fidus quae tela gerebat Achates; ductoresque ipsos primum, capita alta ferentis cornibus arboreis Aen. I.184-190
et nulla suspicione Gallus inter Gallos ego castra Aeduorum perveniam.	Gallus inter Gallos sine ulla suspicione versatus ad Caesarem pervenit DBG 5.45
haec casu in arborem prope Aeduos adhaesit neque ab Aeduis visa est.	Haec casu ad turrim adhaesit neque ab nostris biduo animadversa tertio die a quodam milite conspicitur DBG 5.48
at me tum primum saevus circumstetit horror.	At me tum primum saevus circumstetit horror. Aen II. 559
clamore et lacrimis omnia complentur. omnia Aeduos deficere videbantur	clamore et fletu omnia complerentur eum omnia deficere viderentur DBG 5.33
Dumnorix qui nihil ante cogitavisset, perterritus erat et cucurrit circum bellatoresque disposuit quod plerumque eis accidere consuevit, qui in ipso negotio consilium capere coguntur.	Tum demum Titurius, qui nihil ante providisset, trepidare et concursare cohortesque disponere, haec tamen ipsa timide atque ut eum omnia deficere viderentur; quod plerumque eis accidere consuevit, qui in ipso negotio consilium capere coguntur DBG 5.33
pater meus, Catuvrix, qui cogitavisset haec posse in proelio accidere, erat et optimus miles in pugna et optimus dux in appellandis cohortandisque bellatoribus	At Cotta, qui cogitasset haec posse in itinere accidere atque ob eam causam profectionis auctor non fuisset, nulla in re communi saluti deerat et in appellandis

	cohortandisque militibus imperatoris et in pugna militis officia praestabat DBG 5.33
"quid dubitas," inquit Dagomarus, "Bellovese? aut quem locum tuae probandae virtutis exspectas? hic dies de nostris virtutibus iudicabit.	"Quid dubitas," inquit, " Vorene? aut quem locum tuae probandae virtutis exspectas? 4 hic dies de nostris controversiis iudicabit. DBG 5.44
ego patrem meum, a hostibus circumventum, vidi. pater pilum in hostes iecit atque unum ex hostibus currentem transfixit. sed tum hostes universi in patrem tela iecerunt neque dant regrediendi facultatem.	Pullo pilum in hostes immittit atque unum ex multitudine procurrentem traicit in hostem tela universi coniciunt neque dant regrediendi facultatem DBG 5.44

ABOUT THE AUTHOR

Laura Shaw has taught Latin in San Antonio, Texas for the past eighteen years. She is married, has three wonderful children, and a crazy pug.

Made in the USA
Coppell, TX
17 August 2020